NOTICE HISTORIQUE

SUR LE

CHATEAU DE PAU

PAR THÉODORE CHASTANG,

Régisseur du Palais Impérial de Pau.

7ᵐᵉ ÉDITION

SUIVIE DE DÉTAILS SUR LE SÉJOUR

DE LA COUR D'ESPAGNE EN 1868.

Prix : 1 Franc.

PAU,

IMPRIMERIE ET LITHOGRAPHIE E. VIGNANCOUR.

1869

NOTICE HISTORIQUE

SUR LE

CHATEAU DE PAU

PAR Théodore CHASTANG,

Régisseur du Palais Impérial de Pau.

7me ÉDITION

SUIVIE DE DÉTAILS SUR LE SÉJOUR

DE LA COUR D'ESPAGNE EN 1868.

Prix . 1 Franc.

PAU,

IMPRIMERIE ET LITHOGRAPHIE É. VIGNANCOUR.

1869.

INTRODUCTION.

Le Château de Pau, que les Béarnais appellent et appelleront toujours le Château d'Henri IV, en souvenir du bon Roi, occupe, avec ses dépendances, une superficie d'environ seize hectares.

Voici, du reste, des détails très-précis sur les contenances du domaine Impérial de Pau :

	hect.	ares.	cent.
Le Palais (bâtiments et cour).................	»	37	20
Talus, parapets, plate-formes et côte St-Martin.	1	38	10
Quinconce (Basse-Plante).....................	1	53	20
Parc.............	12	18	40
TOTAL.............	15	46	90

Dire quelles étaient autrefois l'étendue et la beauté des domaines de la couronne du Béarn, serait entrer dans des détails historiques que notre plume peu érudite et peu habile ne peut entreprendre, et sortir des limites très-restreintes que nous nous sommes imposées. Toutefois, quand le visiteur aura fait connaissance avec les appartements, les jardins et la Basse-Plante, nous lui ferons remarquer, dans le Parc, quelques faibles vestiges qui lui rediront les grandeurs du temps passé et les magnificences qu'entretinrent si largement les prodigalités des reines Marguerite de Valois et Jeanne d'Albret et de sa fille Catherine de Navarre.

Le site admirable du Château de Pau en dit assez à l'homme de guerre et à celui que la vue d'un magnifique et magique panorama émerveille, pour que nous soyons dispensé de faire ressortir le choix de sa position et les avantages de sa construction.

Il nous paraît également inutile de rechercher et de décrire comme certains écrivains très-distingués, les ameublements, les tapisseries, les ornements, les objets d'art et les bijoux qui y furent amoncelés, dit-on, jusqu'au règne de Henri IV, qui les dispersa pour en enrichir les résidences royales de France.

Nous nous contenterons d'introduire l'Etranger dans le vieux Castel, de lui faire remarquer, pendant sa visite, chaque chose par son cachet de distinction ; et, à l'aspect de cette antique résidence royale si riche en souvenirs, de cette cour, de ces salles et de ces tours témoins des vertus guerrières et chevaleresques des Centules, des Gaston et François Phébus, et de Henri II de Navarre, des grâces, de l'esprit et de la piété de Marguerite de Valois, de l'amour maternel, du courage et du génie de Jeanne d'Albret, mais aussi de ses excessives rigueurs contre les catholiques, de la naissance et des amours de Henri IV, des galanteries de Marguerite de France, nous ne doutons pas des sensations qu'il éprouvera, surtout en se rappelant que dans ces murs si vieux et si respectables se tinrent des conseils qui décidèrent longtemps des destinées d'une province qui sut demeurer indépendante jusqu'à Louis XIII et toujours se faire respecter, même de la France et de l'Espagne, par ses instincts guerriers.

Mais, afin que chacun puisse mettre un certain ordre dans ses souvenirs, nous commencerons par faire connaître à nos bienveillants lecteurs les divers souverains du Béarn.

Quelques-uns, il est vrai, n'ont que fort peu ou point du tout habité le vieux Castel de Pau, mais d'autres en ont fait

leur résidence princière ; certains même se sont plu à en amé-
liorer l'habitation par des constructions nouvelles ; nous les
ferons connaître en temps opportun.

TABLEAU CHRONOLOGIQUE
DES SOUVERAINS DU BÉARN.

MAISON DES CENTULES.

MAISON DES VICOMTES DE GABARET.

MAISON DE MONCADE.

UNION DU BÉARN AVEC LE COMTÉ DE FOIX.

UNION AVEC LE ROYAUME DE NAVARRE.

MAISON D'ALBRET.

MAISON DE BOURBON.

RÉGENCE.

NOTICE HISTORIQUE

SUR LE

CHATEAU DE PAU.

ORIGINES DE CHATEAU.

Le Château de Pau (*Castellum Pali*), ainsi nommé de trois pieux qui servirent à marquer le lieu où il devait être bâti, eut, pour fondateur, vers l'an 982, Centule-le-Vieux, dont les successeurs continuèrent la partie méridionale, qui ne fut entièrement achevée que par Gaston-Phébus qui, dans l'intention d'en faire sa résidence, fit terminer également la grande tour carrée qui porte aujourd'hui son nom, les remparts et parapets des jardins et la tour du moulin. Cette tour, bâtie sur le canal dont les eaux baignent le pied du talus méridional du château, donnait accès sur la place de la Basse-Ville, autrefois dite : *Champ de bataille*, parce que tous les différends entre deux ou plusieurs s'y vidaient les armes à la main , ce qu'on appelait alors combats judiciaires (1).

Vers 1460 , Gaston X , désireux d'avoir une résidence vraiment royale au milieu de son peuple Béarnais, fit construire les parties Nord et Est de l'édifice , créa le Parc et décida que les Etats de Béarn se rassembleraient toujours dans les salles du château (2).

Mais en 1527, la Marguerite des Marguerites, cette sœur si chère à François Ier, devenue reine de Navarre par son mariage avec Henri II , ajouta au vieux castel un cachet de distinction qui en fit un véritable palais de la Renaissance, en le restaurant de fond en comble et métamorphosant l'ameublement de ses appartements.

Abandonné plus tard par Henri IV devenu roi de France , dépouillé de tout ce qu'il possédait de plus précieux par lui et par Louis XIII , entièrement négligé par leurs successeurs , le Château tomba bientôt dans les mains de Gouverneurs , puis dans celles de Républicains qui , non contents de vendre à vil prix , et lambeau par lambeau , les terres du domaine royal , convertirent en caserne et en écuries le Palais qui fut jadis le berceau du grand Roi.

Ce n'est que sous le règne si court de Louis XVIII, qu'on pensa à relever les ruines , travaux bientôt négligés et abandonnés, mais recommencés en 1838, sous Louis-Philippe qui , en outre , ordonna l'ameublement complet des appartements à peu près tel qu'il existe aujourd'hui.

(1-2) Voir p. 48, Fastes du Château.

Enfin , Napoléon III monte sur le trône. Son premier soin est de relever toute gloire déchue , qu'elle rappelle les souvenirs de la Royauté ou ceux de l'Empire. Par ses ordres souverains, le Château, qui était à la veille d'être abandonné à l'Etat, fait partie des domaines de la Couronne. De ce moment commence pour lui une ère de résurrection complète et de transformation magnifique qui a marché et qui marche encore d'un pas rapide sous l'habile direction de MM. Couvrechef, Ancelet et Lafollye, architectes successivement choisis par l'Empereur.

La jolie façade qui existe aujourd'hui , la propreté qui règne actuellement sur la partie des bâtiments qui entoure la cour d'honneur, les jolies fenêtres ouvertes à la chapelle , les sculptures des portes et fenêtres nouvellement restaurées , les travaux qui se font et vont incessamment compléter la partie méridionale , tout dénote, en un mot, beaucoup d'entente et surtout le désir bien grand de notre Souverain de ne rien négliger pour la conservation et l'embellissement même de l'un des monuments les plus précieux pour l'histoire.

Après la lecture de ce qui précède, on nous demandera peut-être pourquoi les lettres G-P toutes brillantes d'or et qui veulent dire : *Gaston-Phebus*, ont été placées sur la partie du nord , laquelle n'a été bâtie qu'après ce Souverain. Nous ferons au visiteur trop curieux la réponse qu'on nous a déjà faite à nous-même : puisqu'elles y sont, il faut qu'elles y restent..... Tenons-nous le donc pour dit.

DESCRIPTION DE L'EXTÉRIEUR DE CHATEAU.

Entrée principale.

Du côté de la ville, on entre au Château par un pont en briques et pierres construit sous le règne de Louis XV, pour remplacer le pont-levis qui existait jadis sur l'emplacement de la chapelle actuelle.

Arrivé sur ce pont, le visiteur doit s'y arrêter, car il a plusieurs remarques à y faire :

1° A sa droite et à sa gauche, un fossé qui défendait autrefois l'entrée du Château et dont on a fait une belle allée plantée d'arbres et couverte de parterres ;

Deux bâtiments s'appuyant sur le parapet de la rue dite du Château, l'un dit des *remises*, l'autre des *écuries ;* et dont les pièces du haut sont occupées par les ménages des agents subalternes.

2° — A gauche, *la chapelle* qui date de 1840 et dont les dessus de la porte et des fenêtres sont magnifiquement sculptés.

3° En face, le beau portique à trois arcades, construit dans le style de la Renaissance, couvert d'une terrasse avec balustrade sculptée et qui sert d'entrée principale, en s'appuyant sur la tour carrée et le bâtiment neuf qui complètent la façade du Château.

Commencé en 1859, pour remplacer un ignoble et froid bâtiment qui rendait obscur et triste l'intérieur du Castel au point de le faire ressembler à une citadelle, ce beau travail a été entièrement achevé, en 1864, sous la direction de M. l'architecte Ancelet (1).

A gauche et sous le portique, demeure le portier : à droite, dans le bâtiment neuf, sont : au rez-de-chaussée, les bureaux de la régie et du service des bâtiments; au 1er étage, l'appartement du commandant militaire; au 2e étage, celui du régisseur ; au 3e enfin, la lingerie et le logement de la lingère.

Avant d'aller plus loin, nous ferons remarquer qu'il est question de reconstruire le pont vis-à-vis l'arcade du milieu du portique, ce qui ne pourra être mis à exécution que lorsque les maisons qui cachent la façade du Château seront démolies. Et puisque le visiteur s'arrête sous le portique, montrons-lui les deux magnifiques médaillons incrustés dans la pierre, l'un, au-dessus de la loge du portier, représentant Henri II de Navarre ; l'autre, au-dessus de la porte des bureaux, Marguerite, son épouse.

Cour d'honneur.

La cour d'honneur mérite de fixer l'attention des étrangers par sa forme originale, par les sculptures

---

(1) L'ancien bâtiment dont il est question se nommait la *Chancellerie*; il était d'autant plus ignoble et ignominieux qu'il a servi de prison comme la grande tour jusqu'en 1822; toutes les fenêtres avaient des barreaux en fer qu'on fit disparaître à cette époque.

richement gravées au-dessus et dans l'encadrement des portes et fenêtres, par les médaillons qui représentent des figures qu'on pourrait croire à tort celles de souverains et princes Béarnais, et enfin par la statue du dieu Mars nichée sur le fronton qui domine la partie du fond qui fait face à l'entrée principale.

Au reste, si les murs qui entourent cette cour pouvaient parler, ils diraient à tous combien de fois le peuple Béarnais, tantôt enthousiaste, et tantôt frémissant du désir de la vengeance, s'y réunit pour offrir ses hommages de respect à ses princes, ou les rappeler aux devoirs de leur souveraineté.

TOURS DU CHATEAU.

A gauche, en entrant, la tour Gaston-Phébus.
A droite, la tour neuve et la tour Montauzet.
Au fond, au nord-ouest, la tour Billère.
Id.   au sud-ouest, les deux tours Mazères.

Tour Gaston-Phébus ou donjon.

Achevée par Gaston-Phébus, comme nous l'avons dit précédemment, cette tour se nommait jadis *Tour de tuiles*, parce qu'elle est bâtie presque uniquement en briques. Elle a de 34 à 35 mètres de hauteur. Elle possédait, comme les autres, une couverture en ardoises qui a été enlevée par un ouragan épouvantable, en 1820.

Dans la partie qui fait face à l'église de St-Martin

était un balcon saillant où se plaçait le Président des Etats du Béarn pour proclamer le nom de chaque souverain nouvellement élu.

Plusieurs personnages illustres ont habité les étages supérieurs de cette tour. Nous citerons, entr'autres : Clément Marot, le protégé et l'adorateur malheureux de la reine Marguerite, puis Mlle de Scudéry, qui y passa tout l'été de 1637, et tout récemment encore, en octobre et novembre 1868, S. Exc. M. Marfori, intendant de S. M. la reine Isabelle II d'Espagne. (*V. les Fastes du Château, pagès 53 et 54*).

Sous le règne de Louis XIV, la tour Gaston-Phébus fut convertie en prison d'Etat, ce qui dura jusqu'à 1822, époque où fut achetée la prison autrefois hôtel Gassion.

Enfin, elle est aujourd'hui richement meublée du 1er au 4e étage, tandis que le rez-de-chaussée, dont l'entrée se trouve sur le petit perron qui fait face au midi, a été converti en corps-de-garde.

Le 5e étage est une terrasse ou plate-forme d'où la vue jouit de l'un des plus beaux panoramas du monde.

Naguère, pour monter dans cette tour, on était dans l'obligation de prendre l'escalier d'honneur jusqu'au 2e étage du midi, ce qui était un très-grave inconvénient pour le service, surtout pendant la présence de LL. MM. Aujourd'hui, par suite d'instances motivées du Régisseur, l'escalier de la tour descend jusque dans la cour d'honneur, ce qu'indique une porte nouvellement pratiquée, et dont le style, à notre grand regret, nous semble peu d'accord avec celui des autres entrées du Château.

Tour Neuve, dite Tour Napoléon III.

Celle-ci n'a rien de saillant ; du rez-de-chaussée au 4ᵉ étage, elle fait partie des appartements du bâtiment neuf.

Tour Montaüzet.

En patois Béarnais, Montaüzet veut dire : monte oiseau. Elle fut donc ainsi nommée parce que les oiseaux seuls pouvaient y monter. En effet, l'histoire nous apprend qu'elle n'avait pas d'escalier et que la garnison, en cas de siège, y montait avec des échelles qu'on retirait après soi.

La tour Montaüzet avait jadis son puits à oubliettes. C'est dans ce terrible puits qu'on renfermait les criminels. Une statue en fer, armée de poignards acérés, les recevait, dit-on, et par un moyen ingénieux que la légende n'explique pas, les faisait mourir dans des tortures indicibles. Henri d'Albret fit murer l'entrée de ces affreuses oubliettes qui furent mises dans l'oubli jusqu'au règne de Louis XV. A cette époque, on fit des recherches dans les souterrains, et on y trouva des ossements et des chaînes en fer scellées dans les murs.

Si elle a eu ses infamies, elle a eu aussi sa part de gloire, ne fût-ce que la défense héroïque de sa garnison assiégée par Terride. (*Voir aux Fastes du Château, page 50*).

Le rez-de-chaussée de la tour Montaüzet sert de remise aux pompes à incendie du Palais. En 1867, on y a établi une borne-fontaine d'eau potable dont le Château avait toujours été dépourvu. Les trois étages au-dessus s'ouvrent sur les appartements du nord et sont des chambres de service qu'occupent ordinairement les domestiques des grands dignitaires de la couronne.

Tours Billère et Mazères.

Les trois tours Billère et Mazères, ainsi nommées parce qu'elles font face aux villages de Billère et de Mazères, n'ont rien qui puisse intéresser le visiteur, si ce n'est que l'une d'elles, celle du milieu, a été bâtie sous le règne de Louis-Philippe.

Il en est une autre, détachée du Château, mais qui n'en avait pas moins d'importance, c'est celle dite de la Monnaie, qui existe au bas du rempart méridional des jardins, et qui, placée en sentinelle avancée, devait défendre les approches d'un ennemi venant des Pyrénées.

Elle tombe en ruine, mais nous espérons qu'une heure de résurrection sonnera également pour elle, et qu'on en fera comme de ses sœurs privilégiées, non pas des appartements de princes, mais simplement des logements de serviteurs.

DESCRIPTION DE L'INTÉRIEUR DU CHATEAU.

Salle des gardes.

Dès son arrivée, le visiteur est introduit dans la salle d'attente, dite Salle des Gardes, parce que pendant la présence de LL. MM. les valets de pied s'y tiennent pour le service, ainsi qu'un gardien qui n'est antre qu'un suisse d'appartement.

Cette salle, entièrement voûtée, conserve encore le cachet antique que nous aimons à retrouver dans les vieilles résidences princières.

On y remarque :

Un **Fauteuil** forme stalle, style ogival, avec riches sculptures, montants du dossier surmontés de lions, écussons aux armes de France et de Navarre.

Deux **Chaises** en chêne sculpté, siége en planche, écusson mi-partie de France, surmonté d'un attique sculpté à jour.

Le Lustre et les bras en cuivre verni, style renaissance.

⁂

REZ-DE-CHAUSSÉE DU MIDI.

Salle à manger des officiers de service.

Entièrement voûtée comme la précédente, son ameublement n'a rien de plus remarquable, mais la sculpture du dessus de la porte, qui ouvre sur la grande salle, mérite une attention particulière.

A droite et à gauche de cette porte sont placées deux statues en carton-pierre, représentant Henri IV et Sully.

Une Arcade pratiquée, en 1865, dans le mur de cette salle du côté du Parc, donne accès, par un vestibule, dont l'ameublement est en voie d'exécution, sur un balcon encore en projet d'où l'on descendra par un escalier en fer à cheval, dans le jardin dit de l'hémicycle.

Salle à manger de LL. MM.

Cette magnifique salle qui jouit, du côté du midi, d'une vue si ravissante, était jadis appelée : Salle d'Armes. Les Princes et leurs Nobles y étaient armés chevaliers. (*Voir Fastes du Château, page 50*). Elle était entourée des portraits de tous les souverains du Béarn, que le ministre Louvois fit enlever, en 1690, et porter à Paris. Elle a été aussi le lieu de réunion des Etats de Béarn ; mais il est pénible de penser qu'en 93, on en fit une écurie militaire.

On y remarque actuellement :

Trois Lustres et des Bras semblables aux précédents.

Une **Tenture** en tap'sserie de Flandre, qui fut placée d'abord au château de Madrid, au bois de Boulogne, par ordre de François Ier, et qui est composé de 9 parties :

1°   Le Cerf au buisson débusqué ;

2°   La halte de chasse ;

3°   { **Juin**. — La tonte des moutons ;
     { **Novembre**. — Les semailles ;

4°   Le Cerf au buisson :

5°   Le Cerf à l'eau ;

6°   Le Repas ;

7°   { **Décembre**. — Le patinage ;
     { **Septembre**. — Le Cerf à l'eau ;

8°   Le lancer ;

9°   La curée.

Une **Pendule** en ébène, avec ornements en

bronze et cuivre dorés, surmontée de la statuette du Temps, style Louis XIV.

Une **Table à manger** de 18ᵐ de longueur sur 3ᵐ de largeur.

Une **Statue** de Henri IV, en marbre blanc, de Francheville.

C'est la plus ancienne et la plus ressemblante que l'on conserve du bon Roi.

Les Arabesques sculptées qui encadrent la niche de cette statue, ainsi que celles de la porte d'entrée sont très-belles.

Escalier d'Honneur.

Avant de monter l'Escalier d'honneur, on remarque, à gauche et au bas de l'escalier, une grande porte. C'est celle qui conduit aux cuisines souterraines.

L'Escalier d'honneur attirera, sans nul doute, l'attention du visiteur, car il n'est peut-être pas de château qui en possède, dans le même style, d'aussi riche en architecture et surtout en sculpture. Les ornements si variés, les rosaces, les arabesques, les figurines sculptées, tout en un mot est d'une beauté et d'un travail remarquables.

Dans les frises se trouvent des H. et des M. enlacés, se sont les initiales de Henri II et de Marguerite de Valois, son épouse. Quelquefois ces lettres sont suivies d'un R, séparé d'elles par un espèce d'S, comme ceci H. S. R., M. S. R.; il faut lire : Henri Roi, Marguerite Reine.

Depuis notre précédente édition la restauration de l'Escalier d'honneur est complètement achevée, et chacun peut maintenant apprécier les soins, le goût et le talent apportés par M. l'architecte Lafollye dans ces divers travaux.

Sur le palier du 1er étage, le visiteur laisse à sa droite, deux grandes portes. La plus proche de lui est celle de l'ancienne chapelle ; l'autre qui fait face à celle des grands appartements, conduit au 1er étage de la tour Gaston.

Nous y reviendrons après avoir vu tous les appartements du midi.

1er ÉTAGE DU MIDI. — GRANDS APPARTEMENTS.

Salle d'attente.

Ce salon, qui n'est autre chose que l'antichambre des grands appartements, était autrefois la salle des gardes. Pendant la présence de LL. MM. les huissiers de service s'y tiennent; quand l'Empereur est seul, il y prend ses petits repas. (*V. Fastes du Château, p. 54*).

On y remarque :

Une **Tenture** composée de 6 parties :

1° Tapisserie de Gobelins. — Enfant jardinant, perdrix et perroquet ;

2° Enfant jardinant et jouant avec un chien ;

3° Tapisserie de Flandre. La curée du sanglier ;

4° Enfant cueillant des fruits et des raisins ;

5° Tapisserie des Gobelins. — Enfants jouant au cheval fondu ;

6° Tapisserie de Bruxelles. — Le Cerf forcé.

Les sièges en chêne sculpté et tourné, garnis en cuir gauffré.

Consoles, style Renaissance, dessus en marbre vert Campan.

Table du milieu, en noyer sculpté, formée de deux consoles, dessus en marbre des Pyrénées gris panaché.

Lustre en bronze doré, style gothique, aux armes de Navarre, Béarn et Foix.

Hallebarde, aux armes de France (à côté de la porte).

Un **Vase** très-haut en porcelaine de Chine, monté en bronze doré.

Deux **Vases** plus petits, imitation de Chine.

Trois **Vases** en porphyre oriental, avec anses prises dans la masse.

Salon de réception.

Ce salon a été, de tout temps, salle de Réception.

Elle a été tristement illustrée, en 1569, le 24 août, par le massacre de dix nobles Catholiques Béarnais, exécuté par ordre et sous les yeux du cruel Montgomery, général de Jean d'Albret. (*Voir les Fastes du Château, page 52*).

Voici ce qu'il y a de plus remarquable dans cette magnifique pièce, dont le plafond, ainsi que ceux de la pièce qui précède et de celles qui suivent, est planchéié en chêne avec rosaces en carton pierre, appliquées et imitant le bois.

La cheminée en pierre, richement sculptée , était très-ancienne et a été restaurée par M. le sculpteur Piquenot.

Rideaux de croisée en tapisserie des Gobelins; sujets : Mois double.

Tenture en tapisserie de Flandre, exécutée par ordre de François 1er, en 6 parties;

1° **Octobre.** — Les Vendanges ;

2. **Juillet.** — La Chasse au Faucon ;

3° **Mars.** — La Pêche et le Jardinage ;

4° La plantation du Mai et le Tir à l'Arc;

5° La Tonte des Moutons;

6° La Tonte des Moutons; Femmes pinçant du sistre et touchant du timpanon.

Sièges en chêne sculpté , couverts en cuir Dulude , rouge et or.

Consoles semblables aux précédentes.

Deux **Lustres** en bronze doré, style gothique, avec trois écussons, le premier, aux armes du comte Alphonse de Paters, de Houlques de Villaret et de Thibault, comte de Champagne; le second, aux armes de Villiers de l'Isle-Adam, de Philippe-Auguste , et d'Archambaud , seigneur de Barbaa.

Pendule, style Louis XIV.

Trois **Vases** , formé évasée, en porcelaine de Chine , entourés d'une cage avec oiseaux.

Quatre **Vases** , forme potiche, avec couvercle, en porcelaine du Japon.

Deux **Vases** en porcelaine de Sèvres, fond brun, sujets : **la translation et l'inauguration de la statue de Henri IV sur le Pont-Neuf, en 1819.**

Un **Vase**, forme étrusque, carafe en porcelaine de Sèvres, fond vert à camayeu, dessin : portrait d'Henri IV d'après Porbus.

Deux **Vases**, forme potiche, ancienne faïence d'Italie, ornés d'une tête d'homme dans une couronne de laurier.

Deux **Tables** au milieu. Sur la ronde, **Vase** en porcelaine de Sèvres, font vert, anses à tête d'Izard.

L'autre table, en chêne sculpté, dessus en mosaïque de Porphyre de Suède, milieu agathe, encadrement rouge, jaune et vert. (Cadeau du roi Bernadotte).

Salon de Famille.

Ce salon s'appelait jadis : salon de la Reine Marguerite. Il était orné de son portrait et de ceux de François Ier, de Henri d'Albret et de Henri IV, qui ont été brûlés en 93 avec tous les tableaux qui existaient au Château, et que le vandalisme de l'époque s'est fait un plaisir de sacrifier.

La cheminée de cette pièce est, seule, digne par sa sculpture et son merveilleux style de fixer l'attention du visiteur.

Viennent ensuite :

Une **Statue** en bronze de Henri IV enfant, par Bozio.

Une **Table à ouvrage** en laque des Indes, très-riche d'ornements.

La Table du milieu en chêne sculpté, dessus en porphyre rose de Suède, cadeau du Roi Bernadotte.

Les Tentures, les Rideaux et les Sièges sont en velours de soie rouge.

Chambre à coucher de l'Empereur.

C'était autrefois la chambre dite des Rois. Elle fut construite par Gaston-Phébus, qui l'occupa chaque fois qu'il vint à Pau. Elle a été habitée, tour à tour par des hôtes illustres et des têtes couronnées, entr'autres par Louis XI, pendant son pélerinage à Sarrance; par François Ier, d'abord au retour de sa captivité en Espagne, puis à sa rentrée du siège de Perpignan; par Charles-Quint se rendant d'Espagne en Belgique, et tout récemment par la Reine Isabelle II d'Espagne. (*Voir les Fastes du Château, pages 55 et suivantes*).

On y remarque actuellement :

La Cheminée aux Arabesques, richement sculptées dans la pierre.

Rideaux de croisées en damas de soie cramoisi.

Une **Tenture**, en tapisserie de Flandre, composée de 3 parties :

1° { **Janvier**. — Le Repas ;
{ **Février**. — Le Jeu ;

2° **Avril**. — Femmes pinçant du sistre et touchant du timpanon.

3° **Octobre**. — Rafraichissements. Treille.

La **Housse de lit** complète en 15/16 cramoisi.

Le **Lit** en chêne, à quatre colonnes torses ; avec

écusson au chiffre **LN** (Louis-Napoléon) sur le fronton.

Les **Siéges** en noyer sculpté, forme ancienne, dossier à fronton, avec couronne supportée par deux génies, foncés en canne.

Deux **Fauteuils** en noyer, forme stalle, style gothique, siège à coffre; l'un, surmonté de figures représentant un Ange et la Vierge.

Une **Chaise longue**, style Louis XV.

Un **Ecran** en noyer sculpté, couvert en tapisserie à l'aiguille, dessins : fleurs et animaux.

Un **Prie-Dieu** en chêne sculpté, forme gothique, porte à deux vantaux, dessus à pupitre, et couvert en velours cramoisi.

Un **Bahut** en chêne sculpté, même style, clé, entrées et poignées en fer doré, deux vantaux, une fleur de lys au milieu.

Sur le Bahut : — **Deux Tasses avec Soucoupes** en porcelaine de Sèvres, sujets représentant, l'une, Henri IV sur la tasse, et le Château de Pau sur la soucoupe; l'autre, Sully sur la tasse, et le château de Rosny sur la soucoupe. L'une et l'autre sur fond bleu décoré d'or.

Coffre de Jérusalem en noyer, style gothique du XVe siècle, abattant, formant bureau, entrée de la serrure à portique, loqueteaux à poignée sur plaques en fer doré, intérieur formé de petits casiers fermant à clé et à secret, incrustations en ivoire.

Ce meuble fait l'admiration des Etrangers. Il a été

apporté de Jérusalem et acheté à Malte en 1838. Sur le coffre, **Statuette** de Henri IV à cheval.

Table du milieu en noyer richement sculpté.

Sur la table du milieu : — Un **Petit coffre** en ébène, avec incrustations en cuivre, étain et nacre. Au milieu, buste de Henri IV, gravé sur cuivre avec la date 1607 au-dessous du buste.

Deux **Tables de nuit** en chêne sculpté, style gothique.

Toilette en chêne sculpté, dessus en marbre blanc.

Un **Lustre** en cuivre doré, style Renaissance, surmonté d'un pavillon à feuilles.

Pendule, style Louis XIII.

Cabinet de l'Empereur.

Ce cabinet compose en son entier le 1er étage de la Tour Mazères en ouvrant sur les appartements de S. M.

Rideaux de croisées en damas de soie cramoisi.

Sièges en chêne sculpté, genre gothique.

Bureau plat, en chêne sculpté, 4 panneaux chaque face avec sujets de sainteté.

Chambranle de cheminée en chêne sculpté, style Renaissance, montants à cariatides, écusson du milieu aux armes de Médicis, enfants, chimères, enroulements, têtes de lions, encadrement de feuilles de vigne, tête d'ange, etc.

Glace de Venise, cadre en ébène sculpté à la manière de Jean Goujon, Minerve et Vénus sur les montants; deux chars traînés l'un par des chevaux, l'autre par une chimère ailée.

Lustre comme le précédent (1).

Tenture en laine de soie rehaussée d'or, en 4 parties :

1° **de Bruxelles.** Zéphir amenant les sœurs de Psyché ;

2° Les globules de savon ;

3° **des Gobelins.** L'eau, fragment d'un vaisseau à l'ancre, bordure à trophées d'armes, fruits et fleurs, écusson aux anciennes armes de France ;

4° Sujet allégorique : La terre, paysage et personnages.

Boudoir de l'Impératrice.

Rideau de croisées en 15/16 blanc.

Six **Tableaux** en tapisserie des Gobelins, sujets :

1° Sully aux pieds d'Henri IV ;

2° Henri IV chez le meunier Michaud ;

3° Adieux d'Henri IV à Gabrielle ;

4° Evanouissement de Gabrielle ;

---

(1) Les pendules, les bras de lumières et les lustres étant tous du même style, il n'en sera plus question.

Il en sera de même des rideaux et des couvertures des sièges qui n'offrent rien de bien remarquable.

5° Henri IV, rencontrant Sully blessé ;

6° Henri IV devant Paris.

Canapé et Siéges en chêne, couverts en lampas bleu, gris et blanc.

Table de toilette acajou, couverte, (*pendant la présence de Sa Majesté seulement*), d'une garniture en mousseline brodée.

Glace de Venise, encadrement de glaces sur fond bleu d'azur, fronton à écusson et couronne.

Chambre à coucher de l'Impératrice.

Le dessus de la cheminée est richement sculpté.

Cette chambre est la seule pièce que s'était réservée le Roi Don François d'Assise, pendant le séjour de la cour d'Espagne. (*Voir pages 55 et 56*).

Rideaux des croisées comme les précédents.

Quatre **Tableaux** en tapisserie des Gobelins, sujets :

1° Henri IV devant Paris ;

2° Evanouissement de Gabrielle ;

3° Henri IV chez le meunier Michaud ;

4° Henri IV rencontrant Sully blessé.

Hausse de lit complète en lampas bleu, gris et blanc.

Couchette en vieux chêne sculpté ; quatre colonnes.

Siége et prie-dieu en chêne tourné, couverts comme le lit.

Une **Armoire** en noyer et frêne, style renaissance, chaque vantail composé d'un tableau, sculpté en ébène, représentant des sujets de la Bible ; à chaque angle, un Evangéliste, au fronton statuette de patria.che, au milieu, têtes d'anges, clé en bronze doré.

Une **Crédence** en noyer, également sculpté, même style; panneaux à draperies et arabesques, dans la porte du milieu tête. de Mercure.

Table de milieu en noyer sculpté.
Table de nuit en chêne sculpté.
Glace, d'une seule pièce, de St-Gobain.

Salle de Bain.

Baignoire en marbre rouge des Pyrénées, couverte d'un dessus formant divan.

Après la salle de Bain, il y a deux pièces dites Atours de l'Impératrice.

DEUXIÈME ÉTAGE DU MIDI.

APPARTEMENTS HISTORIQUES.

Ire Chambre.

En 1848, cette pièce et la suivante avaient été concédées à Abd-el-Kader et à sa famille, pendant son internement au château. En 1868, l'Infant don

Sébastien, d'Espagne, occupa le même appartement du 30 septembre au 3 octobre. (Voir les fastes du château, pages 52 et 55.)

Les cheminées de toutes les chambres du 2ᵉ étage du midi conservent le cachet antique et sont généralement dépourvues de sculptures.

Tenture en tapisserie de Bruxelles, laine et soie sur fond rouge, dite : mois grotesques, en cinq parties :

1° **Août**. Signe de la Vierge. Figure de Cérès.

2° **Mai**. Le Printemps.

3° **Août**. Signe du Taureau. Figures de Vénus et de l'Amour.

4° **Janvier**. Médaillons représentant l'hiver.

5° **Janvier**. — — un bûcheron.

Le **Lit** et ses accessoires ont été envoyés à Paris avec promesse de le remplacer prochainement.

Ecran en noyer sculpté, style Louis XIV, Tapisserie à l'aiguille, sujet : La France délivrée par Jeanne d'Arc.

Bahut en chêne et noyer sculpté, style gothique ogival, ferrure en fer doré.

Sur le Bahut, une **Statuette** équestre, en biscuit de Sèvres, de François Iᵉʳ.

Table du milieu en chêne sculpté.

Sur la table du milieu, **Modèle en relief** du château de Pau ancien.

Ce travail si bien réussi, est dû à l'intelligence et à la patience d'un pauvre et honnête portier du château, nommé Saget, qui le vendit à la famille d'Orléans, à très-bas prix, dans l'espoir sans doute d'une autre récompense qu'il ne reçut jamais.

2ᵉ chambre (1).

Tenture en tapisserie de Flandre, sujets lamands, par Van-den-Kecke, en quatre parties :
1° **Mai.** Danse de villageois ;
2° Le Marché ;
3° Les Vendanges ;
4° La Bohémienne.

Lit, Table de nuit, Sièges et Toilette en chêne sculpté.

Bahut en vieux chêne richement sculpté, style Renaissance, milieu du panneau : *Agar dans le désert.*

Sur le Bahut, une **Statuette** équestre de Louis XII.

3ᵉ chambre (1).

Tenture en tapisserie de Bruxelles, laine et soie rehaussée d'or, l'histoire de Psyché, en 5 parties :
1° Psyché sur la montagne ;
2° Sa toilette ;
3° Psyché au temple de Cérès ;
4° La Vieille racontant l'histoire de Psyché ;

(1) Pendant le séjour de la Reine d'Espagne, en octobre et novembre 1868, le Prince des Asturies et son gouverneur occupaient la 2ᵉ et la 3ᵉ chambre, tandis que la 4ᵉ et la 5ᵉ étaient habitées, ainsi que le cabinet de Jeanne d'Albret, par les trois jeunes Infantes et leurs gouvernantes. (Voir les fastes du Château, page 55.)

5° Repas de Psyché.

Meubles comme les précédents.

Bahut en vieux chêne, richement sculpté, montants ornés, d'un côté d'une femme, de l'autre d'un guerrier avec lion à ses pieds. Trois panneaux dont deux à figure de chimère, celui du milieu, femme assise tenant un cœur enflammé. Panneaux des côtés, deux têtes de femme sur médaillons.

4ᵉ chambre dite de Henri IV.

Cette chambre faisait partie de l'appartement de Jeanne d'Albret, qui y accoucha d'Henri IV dans la nuit du 13 au 14 décembre 1553 (Voir *Fastes du Château*, page 51). C'est ce qui explique pourquoi elle s'appelle chambre de Henri IV, et le privilége qu'elle conserve encore de posséder le berceau du bon Roi.

Dire les visiteurs illustres de cette chambre et de ce berceau nous serait chose impossible. On cite pourtant, comme ayant eu l'honneur d'habiter l'appartement de la Reine Jeanne, Mᵐᵉ de Maintenon pendant son voyage aux Eaux-Bonnes, et Mᵐᵉ de Staël, quelques jours après son mariage.

Nous indiquerons comme objets curieux de cette pièce en première ligne :

Le **Berceau** de Henri IV, en écaille de tortue (de 1ᵐ 07ᶜ de longueur sur 0,83ᶜ de largeur), supporté par six lances avec drapeaux aux armes de France et de Navarre, brodés en or ainsi que les fleurs de lys. Le faisceau entouré d'une couronne de laurier supportant un casque en bois sculpté et doré, surmonté d'un panache blanc en plumes d'Autruche, le tout sur une table richement recouverte d'un tapis en velours de soie bleue brodé d'or. (Voir aux *Fastes du Château*, page 53, l'histoire de ce berceau.) [1]

Tenture en tapisserie de Bruxelles, dite : mois grotesques, personnages allégoriques de la Fable, composée de 4 parties :

1° **Janvier**. — Junon. Le patinage ;

2° **Juin**. — Mercure. La vente des cerises et la tonte des moutons ;

3° **Novembre**. — Diane. Battage du blé et préparation du lin ;

4° **Juillet**. — Jupiter. La moisson.

Couchette en noyer sculpté, à deux colonnes sur le devant, les panneaux et le plafond ornés de 64 portraits de Rois et autres en bustes et en médaillon, 12 figurines en pied, un coq gaulois aux ailes déployées au milieu du plafond. Ce lit provient, dit on, du vieux château de Richelieu.

Siéges comme les précédents.

Premier **Bahut** en noyer richement sculpté, style ogival, serrure à secret.

Second **Bahut** en chêne sculpté, style gothique, ferrures en cuivre doré, dessus mobile.

Sur les deux bahuts, **Petits bustes** en

---

(1) Une inscription collée sur le fond intérieur de l'écaille de tortue, et dont les restes presque illisibles dénotent l'ancienneté, paraît être la preuve la plus sûre de l'authenticité de ce berceau. On en trouvera une copie littérale à la page 45.

bronze ciselé, représentant Henri IV couronné, socle en marbre Sarancolin.

Au-dessus de la cheminée, **Bas-relief** en marbre blanc, représentant Henri IV à cheval en costume romain, par Germain Pillon.

Table de nuit en chêne sculpté, style Louis XII, 4 panneaux à médaillon avec figure sculptée.

Table du milieu en chêne sculpté, style Renaissance, milieu du socle à vase, dessus en marbre levantot.

8ᵉ chambre dite de Jeanne d'Albret.

Comme nous l'avons dit précédemment, la chambre de Henri IV, la pièce qui nous occupe en ce moment et le cabinet qui va suivre composaient l'appartement de la Reine Jeanne pendant le règne de son père, Henri d'Albret; c'est pourquoi nous laissons à la 6ᵉ chambre le nom que lui a légué l'histoire.

Il faut y remarquer:

La **Tenture** en tapisserie de Flandres et des Gobelins, en 6 parties :

1º L'hiver ;

2º Le printemps ;

3º La toilette de Vénus ;

4º Tobie et son fils ;

5º Le jeu de Quilles (Tapisserie de Flandre) ;

6º Dieu apparaissant à Moïse.

Couchette en chêne richement sculpté, pan

de devant mobile et à rosaces, surmonté d'un guerrier dormant et d'un hibou, *emblême de la nuit et du sommeil* ; montants, le haut à cariatides, et sur le bas, la Vierge tenant l'Enfant Jésus, d'un côté, et un évangéliste de l'autre. Corniches très-riches avec consoles à têtes de lion, portant la date de 1562, au milieu de la corniche, un cartouche aux armes de Béarn, supporté par 2 lions.

Siéges et Canapés, style Louis XIII.

Premier **Bahut** en noyer sculpté, style ogyval, orné de grappes de raisin et de feuilles de vigne dans le bas, serrure en fer ciselé et doré.

Sur le bahut, une **Statuette** en biscuit de Sèvres : — Henri IV à cheval.

Second **Bahut** en chêne sculpté, même style, cinq panneaux, celui du milieu représentant la Vierge et l'Efant Jésus, serrure en fer doré.

Sur le Bahut, une **Statuette** en biscuit de Sèvres : Grillon.

Cabinet de Jeanne d'Albret.

Cette pièce servait d'Oratoire à la Reine Jeanne.

Tenture en tapisserie des Gobelins, sujet : Sully aux pieds d'Henri IV.

Siéges en noyer, style Louis XIII, accotoirs ornés de têtes de lion.

Commode en chêne, portes à 2 panneaux sculptés, cartouche et à figurine.

Table du milieu en chêne, oblongue, à galbe sculpté.

Sur la cheminée, **2 Statuettes** en bronze, au vert antique, sous globes, représentant Henri IV.

Suivent les pièces consacrées à l'appartement de l'Architecte du Palais (1).

TOUR GASTON PHÉBUS.

1er ÉTAGE.

Salon d'attente

Actuellement convertie en bibliothèque, ainsi que la suivante, cette pièce ne possède plus que les objets suivants :

1° Un vitrail représentant Henri IV à cheval, peint en grisaille, bordé de verre de couleur.

2° Trois corps de bibliothèque, sculptés par M. Piquenot, d'après les plans et dessins de M. l'architecte Ancelet.

3° Un tableau représentant Henri IV dans la tour de St-Germain-des-Prés , par Eugène Giraud.

Cette Antichambre complète actuellement l'installation des 5,500 volumes provenant de M. Manescau.

Grand salon.

BIBLIOTHÈQUE.

Le grand salon de la tour Gaston-Phébus faisait naguère partie des grands appartements du midi ,

(1) Le 3e étage se compose de 12 petites pièces destinées aux chefs des divers services de LL. MM. Elles n'ont rien qui puisse intéresser les visiteurs.

et servait de salle de jeu et de fumoir aux officiers de service, pendant le séjour de Leurs Majestés.

La porte du fond conduit à la tribune de la chapelle. Une autre à gauche, condamnée depuis peu, communique avec l'escalier qui monte aux étages supérieurs de la Tour.

La nouvelle destination donnée à cette belle pièce par l'Empereur, lui-même, ne peut être que très-profitable à la sainteté de la chapelle qui l'avoisine.

Nous ferons aussi remarquer aux visiteurs que c'est Sa Majesté qui a daigné, en 1867, faire l'acquisition de cette riche bibliothèque en faveur du château de Pau, chez M. Manescau, père, dont les soins et les goûts comme bibliophile sont si justement appréciés par tous ceux qui le connaissent.

Chapelle.

Il y a eu, sans parler de celle qui existe aujourd'hui, deux chapelles au château de Pau. L'emplacement de l'une d'elles n'est pas douteux, c'est celui dont nous avons parlé, avant d'entrer dans les grands appartements du 1ᵉʳ étage du midi (page 19). Le public n'y verra aucun indice de son ancienne destination, car elle est aujourd'hui une succursale de la bibliothèque. Quant à celle qui existait avant les guerres de religion, on n'en trouve nulle trace ; mais nous serions tenté de croire qu'elle était dans le salon du 1ᵉʳ étage de la tour Gaston, dont nous avons donné la description page 35.

La chapelle qui existe aujourd'hui a été bâtie, de 1839 à 1840, sur l'emplacement même de l'ancienne porte à pont-levis dont elle conserve certains vestiges très précieux pour l'histoire :

D'abord, la porte, elle-même, du château dont a été fait le chevet de la chapelle. Puis, une plaque en marbre blanc incrustée sur cette porte et qui existe encore sur la partie extérieure du chevet qui fait face à l'église St-Martin. On y a gravé en relief l'inscription suivante :

HENRICUS DEI GRATIA

CHRISTIANISSIMUS REX FRANCIOE

NAVARRÆ TERTIUS

DOMINUS SUPREMUS BEARNI

1592.

Malheureusement on ne voit que le marbre, tandis qu'il serait bien plus agréable et plus utile d'y pouvoir lire l'inscription. Aussi regrettons-nous que M. l'Architecte, qui vient de faire renouveler le marbre et l'inscription, n'ait pas eu la bonne pensée d'en faire noircir ou dorer les lettres.

Le dernier vestige est une pierre qui a été également incrustée au-dessus de la porte de la tribune, qui ouvre sur le salon du 1er étage de la Tour Gaston ; elle forme écusson aux armes de Foix et de Béarn avec la légende FEBUS ME FE.

Ainsi que nous le notions dans nos précédentes éditions, l'intérieur de la chapelle vient d'être tout récemment restauré et repeint. Nous laisserons aux visiteurs le soin de se faire juges du plus ou moins de goût apporté dans ces travaux.

Puis, nous leur ferons remarquer :

1° Le beau **Vitrail** qui éclaire le chœur et qui représente l'*Adoration des Bergers*.

2° La **Lampe** en bronze ciselé et doré, entouré de six têtes d'Anges, avec guirlande et ornements ; bas-relief : Agneau pascal.

3° Un **Tableau** représentant la **mise au Tombeau**, par M. Chautard (1).

2ᵉ étage de la Tour Gaston Phébus.

Les trois étages qui suivent, n'étant composés que de chambres à coucher destinées aux officiers de la maison de LL. MM., n'ont rien d'extraordinaire et ne sont pas montrés au public. Toutefois, les tentures méritent une description succincte :

Tenture en tapisserie de Flandre dite : mois Lucas, paysages et personnages allégoriques, en trois parties :

1° **Septembre.** — Le départ pour la chasse ;
2° **Juin.** — La tonte des moutons ;
3° { **Août.** — La moisson.
    { **Novembre.** — Le marché aux grains.

3ᵉ Étage.

Tenture en tapisserie des Gobelins dite : les

(1) Un autre tableau, qui sera le pendant de celui qui précède, sera prochainement envoyé de Paris.

quatre éléments, bordure aux armes de France et de Navarre, en trois parties :

1° **Un Incendie.**
Un Vaisseau.
Un Ouragan.

2° **Le feu ou les forges de Vulcain.**

3° L'eau ou le char de Neptune.

4e Étage.

Tenture en tapisserie des Gobelins dite : les **maisons Royales**, en six parties :

1° **Le signe de la Vierge.** Le château de Marimont ;

2° Deux dessus de portes. Ecussons aux armes de France et de Navarre ;

3° **Le signe du Taureau.** Le château de Versailles ;

4° **Le signe du Scorpion.** Le château des Tuileries ;

5° et 6°. Le Château de Bagatelle.

Dans chacun des 2e, 3e et 4° étages de la Tour Gaston, il y a une chambre de maître, un cabinet de toilette et une chambre de domestique.

Les meubles des chambres de maîtres et le lit sont en vieux chêne sculpté comme ceux du 2e étage du midi.

APPARTEMENTS DU NORD.

Rez-de-chaussée.

Le rez-de-chaussée est une grande pièce de service aujourd'hui transformée en magasin, mais pouvant être convertie en dortoirs de Valets-de-pied et autres serviteurs, en cas d'une habitation de LL. MM.; ce qui lui a fait donner le nom de salle des Valets-de-pied.

C'était, autrefois, sous les rois de Navarre, la lingerie du Château.

Étages supérieurs.

Les deux premiers étages de l'aile nord se composent : d'un corridor de service ayant vue sur la cour, d'une antichambre, d'un salon, d'une chambre à coucher et d'un cabinet de toilette.

Ces appartements sont destinés aux Grands dignitaires de la Couronne et communiquent par un escalier intérieur aux appartements de Leurs Majestés.

Ils furent autrefois appelés : *l'appartement des Reines.*

La première qui y logea fut Blanche de Castille, en 1213, à l'époque de son mariage avec Louis-Cœur-de-Lion (Louis VIII). Cent ans après, Marguerite de Bourgogne vint y nouer les liaisons criminelles qui la firent condamner plus tard comme adultère et lui valurent une mort horrible. En 1498, c'est au tour de Jeanne de Valois qui, delaissée et répudiée par Louis XII, vint recevoir, à la cour de de Béarn, les consolations de la reine Catherine, qui la logea dans l'aile Nord.

D'autres Reines, comme Isabelle de France, Catherine de Médicis, etc.... y reçurent également l'hospitalité : c'est assez, nous le pensons, pour prouver que le titre d'appartement des Reines a été justement attribué à la partie du château dont nous nous occupons.

Les meubles de ces appartements sont, comme ceux de la Tour de Gaston, en noyer sculpté. Les tentures sont également en tapisserie et méritent d'autant plus d'être décrites que celles du 2e étage sont inédites et très-anciennes. Nous profiterons de l'occasion pour signaler, en passant, tout ce qui pourra intéresser le lecteur qui nous en saura d'autant plus gré, nous l'espérons, que cette partie du château n'est pas visitée par le public.

1er ÉTAGE.

Antichambre.

Tenture en tapisserie des Gobelins, dite : **des maisons Royales**, avec écussons aux armes de France, en 6 parties :

1o **Vases** à ornements, fleurs, oiseaux ;

2o **Le château de Madrid.** La chasse au cerf ;

3o **Le château de Rambouillet.** Vase, paon et perroquet ;

4o **St-Germain-en-Laye** ;

5o **Le château de Compiègne** ;

6° **Le château de Rambouillet.**

Vase, paon et perroquet. (1)

Salon.

Tenture en tapisserie des Gobelins, suite des maisons royales, en trois parties :

1° Le château de Compiègne ;
2° Le château de Fontainebleau ;
3° Le château de Bagatelle.

Bahut en vieux chêne richement sculpté, style Renaissance, ferrures en bronze doré, milieu à sujet représentant le sacrifice d'Abraham.

Bureau en marqueterie, style Louis XIII, orné de cuivre.

Chambre à coucher.

Tenture, suite des maisons royales, tapisserie en 4 parties :

1° St-Germain en Laye ;
2° Château de Madrid ;
3° Bal masqué à Versailles ;
4° Château de Marimont.

2ᵉ ÉTAGE.

Antichambre.

Tenture, suite des maisons Royales, tapisserie en trois parties :

(1) On remarquera sans doute que, dans la même pièce, on a placé 2 fois le même château. Cela tient à ce que chaque morceau de tapisserie a été placé suivant l'espace qu'il a pu occuper sur les murs. Ce qui explique le désaccord qui règne souvent dans les diverses tentures.

1° Château de Monceau. La chasse au sanglier, attributs de musique ;

2° Château de Vincennes. La chasse au Cerf. Aigle par le bas ;

3° Château de Madrid.

Salon.

Tenture avec tableaux en tapisserie de Flandre rehaussée d'or, sujets : la vie de St-Jean-Baptiste, en deux parties :

1° Le Baptême.

2° { **Prédication de St-Jean.**
{ **St-Jean béni par N-S.**

Bahut à deux corps, en noyer grossièrement sculpté. Corps du bas à 5 panneaux représentant des sujets religieux :

1° L'annonciation ;

2° La naissance de Notre-Seigneur ;

3° L'ange apparaissant aux Bergers ;

4° La Circoncision ;

5° L'Adoration des mages.

Huit autres panneaux sur chacun desquels un personnage en buste et costume du 15° siècle, serrure en cuivre doré avec couronne de France supportée par deux dauphins.

Corps du haut, à 2 vantaux formant 4 panneaux à sujet sculpté : La vie de St-Jean-Baptiste.

1° Prédication de St-Jean ;

2° Le Baptême ;

3° La décollation ;

4° Hérodias présentant à Hérode la tête de St-Jean,

Au-dessus quatre figurines.

Cinq **Vases**, forme potiche, ancienne faïence d'Italie : deux ayant des anses à tête de lion et à corps de serpents avec figures coloriées de l'ancien testament ; deux autres représentant l'Archange Saint-Michel, le 5e, Moïse et David.

Chambre à coucher.

Tenture, en tapisserie, faisant suite à la vie de St-Jean-Baptiste, en trois parties :

1° La tête de St-Jean-Baptiste portée sur un plat d'argent ;

2° Exposition du chef de St-Jean sur un char ;

3° (Au dessus de la cheminée.) Hérodias imposant des travaux à St-Jean.

Deux **Vases**, même forme et même faïence que les précédents, avec figures de l'ancien testament.

3e ÉTAGE DE L'AILE DU NORD.

Cet étage est composé de deux grandes pièces qui servent de magasins aux meubles.

INSCRIPTION

Collée au fond intérieur de la carapace qui servit de Berceau à HENRI IV, et dont les restes presqu'illisibles confrontés avec une inscription qui existait jadis au-dessus de la cheminée de la chambre de Jeanne d'Albret, s'accordent parfaitement avec cette dernière :

« HENRI-LE-GRAND naquit dans cette chambre
» entre minuit et une heure, du 13 au 14 décembre
» quinze cent cinquante-trois, et fut baptisé par le
» cardinal d'Armagnac. Les rois de France et de
» Navarre furent ses parrains, cette coquille de
» tortue, son berceau, et Suzanne de Bourbon,
» sa gouvernante, eut ordre de l'élever au château
» de Coarraze, en simple particulier. C'est là qu'al-
» lant souvent tête et pieds nuds, son corps fut
» préparé à la vie dure et pénible de la guerre.

» Il prit deux cents places sur la Ligue, se trouva
» à soixante combats, commanda en trois batailles
» rangées ; constamment le premier à la charge et
» le dernier dans la retraite; toujours inférieur en
» nombre et toujours victorieux.

» Ce héros fut plus grand par la bonté de son cœur
» pour ses sujets que par l'éclat de ses victoires.

» Un monstre infernal ravit à la France, le 14
» mai 1610, son bonheur et ses délices, aux
» Monarques de l'Univers le modèle des princes,
» et à l'Europe celui qui en aurait fait une même
» famille. »

A Pau, dans l'imprimerie J.-P. VIGNANCOUR.

(Date illisible.)

SOUTERRAINS DU CHATEAU.

Cuisines et Fourrières.

Il manquerait quelque chose à cette description, si nous ne parlions pas des souterrains qui existent sous le Château et qui servent maintenant de cuisines et de fourrières, après avoir été, pendant les guerres de religion, le dernier refuge et le lieu de réunion secrète des malheureux catholiques poursuivis par les persécutions de la Reine Jeanne elle-même, mais protégés par Marguerite de France.

Ces lieux, aujourd'hui si obscurs et si peu dignes d'être visités, mériteraient pourtant la vénération de tous, car ils ont été doublement consacrés, et par le sang chrétien qui y a été répandu, et par le Saint-Mystère de la foi catholique, qui y a été célébré par de courageux prêtres voués à la mort.

On entre dans ces souterrains par deux portes principales : l'une est placée comme nous l'avons déjà dit, au pied de l'escalier d'honneur, l'autre se trouve dans le jardin du nord. C'est par cette dernière qu'ont lieu, pendant la présence de Leurs Majestés, les entrées et les sorties des fournisseurs et des hommes du service de la bouche, qui ne doivent jamais paraître dans la cour d'honneur. C'est pourquoi elle a été ouverte presque en face de la porte du château dite Corisande.

JARDINS ET PARC DU CHATEAU.

La visite des appartements doit naturellement être suivie d'une promenade dans les jardins et le parc.

On va au jardin par l'arcade qui se trouve à gauche de l'entrée principale de la cour d'honneur. Le visiteur remarquera d'abord la porte St-Martin, construite en 1586 (1), qui conduit à l'hôtel de la Monnaie, dépendance habitée par les agents subalternes et les ouvriers du mobilier du Palais. Cette maison, ainsi que la Tour de la Monnaie, dont nous avons parlé à la page 15, s'aperçoit facilement au bas du rempart du midi. C'était là que se faisait la monnaie du Béarn.

On arrive ensuite à l'hémicycle surmonté :

D'abord de deux grands VASES, forme Médicis, en porphyre de Suède brun violacé, donnés, dit-on, au Château de Pau par le Roi Bernadotte ;

Puis de la statue, en marbre blanc, de Gaston-Phébus, œuvre du baron de Triquety.

Des jardins on passe à la Basse-Plante par un joli pont en pierres jeté sur la rue Marca.

Il y avait jadis, dans le domaine de la couronne du Béarn, comme dépendances du Château de Pau, une Basse-Plante et une Haute-Plante. Cette dernière,

____

(1) Cette porte était l'entrée principale du château, quand l'entrée particulière était à pont-levis.

de même que tous les terrains actuellement occupés par les maisons et les propriétés qui bordent la rue d'Etigny et la route de Bayonne, a été vendue et s'appelle aujourd'hui la place Napoléon. C'est la place d'armes.

Du délicieux quinconce de la Basse-Plante, le promeneur dirige ses pas vers le Parc en traversant une passerelle construite sur la rue des Ponts.

Ici, il ne trouvera certainement pas les symétries si riches et si variées qui l'auront émerveillé dans les autres Parcs Impériaux, tels que celui de Versailles ; il ne reconnaîtra pas les soins de l'homme en toutes choses ; mais il trouvera l'art remplacé par la nature, il verra un bois formé des plus beaux arbres sur une colline d'où la vue embrasse toutes les Pyrénéés et jouit d'un panorama indescriptible.

Il y a dans le Parc deux allées principales. L'hiver, il faut gravir celle du haut. Le malade y jouit d'un soleil bienfaisant, et la nature lui sourit dans tout ce qu'elle a pu réunir de plus pittoresque.

L'été, au contraire, dans l'allée du bas de la colline, il trouvera de l'ombre et de l'air, qui lui feront oublier les plus fortes chaleurs.

Mais, avant d'y descendre, jetons sur l'allée du haut un coup d'œil rétrospectif.

Quelques vestiges de murs existent encore à main gauche, sur la pente du talus qui descend vers le Gave. Ce sont les restes de l'Ermitage de Notre-Dame-des-Bois qu'on attribue à Guillaume-Raymond, et qui fut ravagé pendant les guerres de religion et entièrement anéanti en 93.

En bas de la colline, du côté du nord, dans la partie qui traverse la prairie et la route de Bayonne jusqu'à la Villa Dufau, se trouvait également le Castet Beziat (Château Chéri) créé sur les modèles du château de Madrid , du bois de Boulogne, par Marguerite de Valois.

Jeanne d'Albret en fit son séjour favori et s'y occupa exclusivement de l'instruction de ses Enfants, Henri IV et Catherine, qui, après la mort de sa mère, en fit la résidence secrète du comte de Soissons qu'elle aima passionnément , mais sans pouvoir l'épouser. *(Voir les Fastes du Château, p. 52.)*

Il ne reste aucune trace du Castet Beziat.

FASTES DU CHATEAU.

En 1096. —Gaston III , avant de partir pour les Croisades, est armé chevalier dans la salle d'armes du rez-de-chaussée du midi du Château.

Trois ans après , il décore les appartements des trophées enlevés par lui en Terre-Sainte.

En 1100. — Il reçoit au Château la visite du Roi Alphonse 1er d'Aragon.

En 1215. — La Cour majour, présidée par le seigneur du Béarn , siége au Château pour y faire justice.

1290. —Élection de Marguerite , comtesse de Foix, par les Etats de Béarn et de Bigorre réunis au Château, qui décident, en 1291, dans une nouvelle assemblée, la réunion du Béarn avec le comté de Foix.

1375. — Gaston-Phœbus passe, avec divers maçons et cagots, un contrat relatif à la reconstruction du Château.

1436. — Gaston X, devenu roi de Navarre, choisit le Château pour sa résidence habituelle, et y fait construire en conséquence.

1455. — Il signe, dans la chapelle, en présence des Etats réunis, un acte, en date du 20 janvier, qui lui interdit toute augmentation d'impôt sans leur consentement.

1463. — Il reçoit Louis XI et sa cour.

En mars 1479. — Les Etats s'assemblent au Château pour élire le jeune prince François Phœbus. Quelques jours après, une ambassade lui apporte la couronne de Navarre, qu'il reçoit en présence de ses chevaliers et de six gentilshommes Français réunis au Château. ·

En novembre 1482.—En présence des Etats réunis dans la grande salle du 1er étage du midi, le roi François jure, sur l'Evangile, de conserver intacts les forts du Béarn.

29 janvier 1483. — Il meurt au Château, à l'âge de 16 ans, empoisonné en portant sa flûte à ses lèvres.

14 février 1483. — Catherine, sa sœur, jure serment aux Etats de Béarn assemblés au Château.

16 idem. — Les mêmes Etats, dans une nouvelle réunion, décident que leur souveraine est d'âge à contracter mariage.

15 novembre 1491.—En présence de la même assemblée, Jean d'Albret, époux de Catherine de Navarre, prète serment.

13 décembre 1553. — Naissance de Henri IV au Château. Son Baptême a lieu le 6 mars suivant dans la chapelle.

18 août 1555. — Antoine de Bourbon et Jeanne d'Albret réunissent leurs Etats dans la grande salle du Château, et, la main sur l'Evangile, jurent de conserver intacts les fors du Béarn.

19 novembre 1559. — Visite d'Isabelle de France qui va en Espagne épouser Philippe II.

1er décembre 1868. — Le brave baron d'Arros annonce à la noblesse, assemblée au Château, l'intention de Charles IX, roi de France, d'envahir le Béarn. L'Assemblée pousse le cri de guerre, et accorde une levée de 15,000 écus.

15 avril 1569. — Terride, par ordre de Charles IX, s'empare de la ville de Pau, puis, commence le siége du Château dont la garnison, réléguée dans la tour Montauzet, résiste avec bravoure et ne se rend qu'après avoir obtenu une capitulation honorable.

24 août 1569. — Un an, jour par jour, avant la St-Barthélemy, Montgomery, lieutenant de Jeanne d'Albret, fait poignarder dans la grande salle du Midi du Château, au moment où ils prenaient leur repas, dix nobles catholiques faits prisonniers de guerre.

4 janvier 1577. — Catherine, sœur d'Henri IV, est nommée régente de la Navarre et du Béarn.

2 avril 1581. — Henri IV, en présence des Etats réunis au Château, prête serment.

13 janvier 1586. — Les séances judiciaires se tiendront désormais au Palais de Justice, bâti à cet effet près du Château.

10 octobre 1592. — Madame Catherine, rappelée par Henri IV, qui a appris ses amours avec le comte de Soissons, quitte le Béarn, à la douleur générale.

15 octobre 1620. — Louis XIII vient habiter le château ; le 19, il prête serment aux

Etats de Béarn, assemblés dans la grande salle du rez-de-chaussée du Midi, et prononce la réunion du Béarn à la France.

1er mai 1793. — Le Château est envahi et dépouillé de ses Archives, de ses tableaux et d'une coquille qu'on croit être le berceau d'Henri IV.

30 mai 1814. — Le berceau d'Henri IV, qui avait été sauvé du pillage de 93 par un sieur Lamaignère, gardien du Château, et était demeuré caché chez un menuisier nommé Saffores, est rendu au Château.

21 juillet 1814. — Visite du duc d'Angoulême.

29 septembre 1819. — Visite de la princesse Marie-Amélie de Saxe, allant en Espagne épouser Ferdinand VII.

29 mars 1823. — Nouvelle visite du duc d'Angoulême se rendant à l'armée d'Espagne.

28 juin 1824. — Madame la duchesse de Berry visite le Château.

9 juillet 1829. — Visite du duc et de la duchesse d'Angoulême.

9 juillet 1839. — Visite du duc de Nemours se rendant aux Eaux-Bonnes.

30 août 1839. — Visite du duc et de la duchesse d'Orléans.

27 août 1843. — Le duc de Montpensier, à l'occasion de l'inauguration de la statue d'Henri IV sur la place de la ville, vient habiter le Château et y donne une fête splendide.

22 août 1846. — Le duc et la duchesse

de Montpensier, venant de se marier en Espagne, viennent habiter le Château.

28 avril 1848.—Ab-el-Kader, sa mère, une femme légitime, 5 concubines, 7 enfants, un oncle, 3 frères et sa suite, en tout 80 personnes, sont internés au château, qu'ils quittent, le 2 novembre 1848, pour se rendre à Amboise.

21 août 1854.—L'Empereur Napoléon III vient à Pau et habite le Château.

26 juin 1855. — L'impératrice Eugénie, se rendant aux Eaux-Bonnes, visite le Château.

11 décembre 1856. — Le duc d'Hamilton, son épouse S. A. R. la princesse Marie de Bade et leurs enfants, habitent le Château jusqu'au 21 avril 1857.

28 août 1861. — L'Impératrice Eugénie, se rendant des Eaux-Bonnes à Biarrits, donne au Château un diner de 28 couverts, et reçoit, avant de partir, toutes les autorités de la ville et les membres du Conseil général.

26 septembre 1863. — L'Empereur Napoléon III, venant de Tarbes et se rendant à Biarrits, déjeûne dans le salon d'attente du 1er étage du Midi. S. M. visite ensuite les travaux de restauration, et repart 3 heures après son arrivée.

11 septembre 1867. — La princesse Clotilde Napoléon, accompagnée d'une dame d'honneur et d'un chambellan, visite le Château.

5 septembre 1868. — Les deux jeunes fils du prince Napoléon, conduits par une gouvernante et un valet de pied, visitent les grands appartements du Château.

16 Septembre 1868.—A 10 heures du soir, l'Empereur, rentrant du camp de Lannemezan, et accompagné d'un aide-de-camp, d'un officier d'ordonnance et d'un écuyer, vient coucher au Château.

Les divers services de S. M. se composent de 35 personnes.

Le Lendemain, à 9 heures du matin, il y a, dans la grande salle à manger du rez-de-chaussée du midi, disposée à cet effet, réception générale des autorités et fonctionnaires de la ville.

A 11 heures et demi, l'Empereur déjeûne dans la salle d'attente du premier étage du midi. La table est de 14 couverts.

S. M. quitte le Château, à 4 heures du soir, pour rentrer à Biarrits.

SÉJOUR DE LA REINE D'ESPAGNE.

30 Septembre 1868. — Par suite d'une offre pleine de courtoisie et de noble générosité de l'Empereur, la Cour d'Espagne, condamnée à l'exil par une révolution subite et victorieuse, vient habiter le Château.

La Reine Isabelle II et le Roi-époux occupent, au premier étage du midi, l'une l'appartement de l'Empereur, l'autre celui de l'Impératrice; au deuxième étage sont logés LL. AA. RR. le Prince des Asturies et les trois jeunes Infantes, ainsi que l'Infant don Sébastien, qui quitte le Château, le 3 octobre, avec sa famille, pour aller habiter la Villa Labordette; les dames, l'intendant et les gentilshommes de LL. MM., au nombre de huit, occupent les appartements de la tour de Gaston et de l'aile du Nord; tandis que les serviteurs sont logés au troisième étage du midi. L'habitation est en tout d'une quarantaine de personnes.

Pendant ce séjour qui a duré du 30 septembre au 6 novembre, à part une partie de la nuit du 1er au 2 octobre, consacrée par la Reine à formuler le Manifeste adressé par S. M. à la nation Espagnole, l'existence des Augustes exilés a été d'une régularité, d'un calme et d'une simplicité que rien n'a pu changer, pas même l'émotion bien naturelle que dût leur causer, le 14 octobre, l'arrivée du prince de Girgenti, leur gendre, récemment sorti des prisons de Madrid, et qu'accompagnait la princesse son épouse.

Le matin, vers 8 ou 9 heures, le Roi, plein d'une sollicitude vraiment touchante pour sa jeune famille, sortait à pied avec le Prince des Asturies, tandis que les trois Infantes, de leur côté, allaient avec leur gouvernante se promener au Parc ou en ville.

Vers deux heures de l'après midi, des visiteurs intimes venaient faire une légère diversion à la monotonie et à l'amertume de l'exil.

Le soir, vers quatre ou cinq heures, LL. MM. et AA. RR. montées dans deux voitures de louage, faisaient une promenade d'une ou deux heures dans la ville et ses environs.

Tous les dimanches et jours de fêtes, parfois même

dans la semaine, la Cour allait à pied entendre la messe, à midi et demi, soit à l'église St-Martin, quand il fesait beau, soit dans la chapelle du Château, quand le temps menaçait.

Nous ne pouvons dire combien grande a été et est encore notre admiration pour la douce affabilité, l'aménité toujours égale et les bontés de la Reine Isabelle et du Roi Don François d'Assise ; mais nous pouvons assurer que nous n'oublierons jamais les Augustes exilés que nous avons eu l'honneur insigne de connaître et de servir, en secondant le mieux possible les vues si spontanément généreuses de l'Empereur.

Ajoutons d'ailleurs que nous n'aurions jamais osé évoquer, ici, les souvenirs de l'existence d'une famille royale digne de tous nos respects, si nous n'y avions été autorisé verbalement d'abord par la Reine et le Roi eux-mêmes, puis par la lettre qui suit et qui nous fut adressée par ordre de LL. MM. :

« Monsieur le Régisseur,

» Rien ne pouvait être plus agréable à Leurs Majestés, après leur séjour à Pau et dans son Château, » et après avoir personnellement connu les fidèles » serviteurs de l'Empereur dont ils ont si bien se- » condé les ordres, que l'offre que vous leur faites » de mentionner leur séjour ici, quand vous aurez à » publier une nouvelle édition de votre *Notice*.

» Leurs Majestés désirent que vous ayez la bonté » d'y constater que leur résidence au Château, les » égards de l'Empereur et de ses serviteurs, et le ma-

» gnifique pays qui compte parmi ses gloires celle
» d'avoir été le berceau de Henri IV, ont été pour
» eux d'une grande consolation.

» Tout en ayant l'honneur d'être l'interprète des
» désirs et de la vive reconnaissance de mes souve-
» rains, je saisis cette occasion, etc., etc.

» L'Intendant chef de la maison de la Reine,

» Signé : CARLOS MARFORI. »

TABLE DES MATIÈRES.

DESCRIPTION DE L'EXTÉRIEUR.

DESCRIPTION DE L'INTÉRIEUR.

AILE DU MIDI.

Rez-de-Chaussée.

TOUR GASTON-PHÉBUS.

1ᵉʳ Étage.

AILE DU NORD.

Pau, Impr. E. Vignancour.